Mönchs-weisheiten

Jan Thorbecke Verlag

INHALT

RUHE DES HERZENS 5

ACHTSAMKEIT 11

LOSLASSEN 16

SAMMLUNG UND EINKEHR 23

HANDARBEIT 30

SORGE UM DEN LEIB 36

SCHEITERN UND NEUBEGINN 38

ARMUT 44

WELT UND EINSAMKEIT 47

DEMUT 50

SANFTMUT 54

WIE SOLL ICH LEBEN? 58

TEXT- UND BILDNACHWEIS 64

IMPRESSUM 64

Suchen wir die Ruhe unseres Herzens nicht draußen! Lasst uns nicht meinen, dass fremde Geduld unserem Laster der Ungeduld abhelfen könnte. Denn wie Gottes Reich in uns ist, so sind auch die Feinde eines jeden Menschen in ihm ... Niemand kann so sehr mein eigener Feind sein wie mein eigenes Herz, das ja wahrhaft mein innerster Mitbewohner ist. Ich kann von einem anderen Menschen, der mir übel will, nicht verwundet werden, wenn ich nicht mit friedlosem Herzen gegen mich selbst kämpfe.

Johannes Cassianus (360–435),
Gründer des Klosters St. Viktor bei Marseille,
Collationes 16,18

Euer eigenes Selbst ist eure Zuflucht,
denn wer könnte sonst eure Zuflucht sein?
Wer sich selbst sorgfältig in Zucht hält,
erlangt eine Zuflucht, wie sie schwer zu
finden ist.

Buddha (6. Jhd. v. Chr.) im Dhammapada XII 160

Sorge, dass Du dein Herz
in Frieden bewahrst,
kein Ereignis dieser Welt
soll dich beunruhigen –
bedenke, dass alles vergehen muss.

Johannes vom Kreuz (1542–1591), Karmelit,
Dichos de luz y amor

Ein Zen-Meister wurde nach dem Geheimnis seiner inneren Ruhe gefragt. Er sagte: „Wenn ich sitze, dann sitze ich. Wenn ich stehe, dann stehe ich. Wenn ich gehe, dann gehe ich. Wenn ich esse, dann esse ich …" Da unterbrachen ihn seine Gäste und sagten: „All das tun wir auch. Du musst doch darüber hinaus ein Geheimnis haben." Er schaute sie an und sagte: „Wenn ich sitze, dann sitze ich. Wenn ich stehe, dann stehe ich. Wenn ich gehe, dann gehe ich. Wenn ich esse, dann esse ich …" – Da wurden seine Zuhörer ärgerlich und riefen: „Das hast du uns doch schon gesagt. All das tun wir doch auch." Der Meister aber sagte: „Nein: Wenn ihr sitzt, dann steht ihr schon; wenn ihr steht, dann lauft ihr schon; und wenn ihr lauft, dann seid ihr schon am Ziel."

Nicht das Vielwissen sättigt die Seele
und gibt ihr Befriedigung, sondern das innere
Schauen und Verkosten der Dinge.

Ignatius von Loyola (1491–1556),
Gründer des Jesuitenordens

Achte gut auf diesen Tag,
denn er ist das Leben –
das Leben allen Lebens.

In seinem kurzen Ablauf liegt alle Wirklichkeit
und Wahrheit des Daseins.
Die Wonne des Wachsens – die Größe der Tat –
die Herrlichkeit der Kraft.

Denn das Gestern ist nichts als ein Traum
und das Morgen nur eine Vision.
Das Heute jedoch – recht gelebt –
macht jedes Gestern zu einem Traum voller Freude
und jedes Morgen zu einer Vision voller Hoffnung.

Darum achte gut auf diesen Tag.

Rumi, geistiger Vater des sufistischen Mevlevi-Ordens
(1207–1273)

Von Begierde besessen rennen die Menschen
im Kreis herum
wie ein Hase, der in einer Schlinge gefangen ist.
Mit Fesseln und Banden gebunden
erleben sie Leid, lange Zeit wieder und wieder.

Von Begierde besessen rennen die Menschen
im Kreis herum
wie ein Hase, der in einer Schlinge gefangen ist.
So sollte ein Mönch den Durst nach Leben
bändigen,
Begierdelosigkeit anstreben.

Buddha (6. Jhd. v. Chr.) im Dhammapada 342–343

Menschen, die nach keinen Dingen trachten, weder nach Ehren noch nach Nutzen, noch nach innerer Selbstaufopferung, noch nach Heiligkeit noch nach Belohnung, noch nach dem Himmelreich…: in solchen Menschen wird Gott geehrt.

Es kam einmal ein Mensch zu mir und sagte, er habe große Dinge hinweggegeben an Grundbesitz, an Habe um dessentwillen, dass er seine Seele rette. Da dachte ich: Ach, wie wenig und Unbedeutendes hast du gelassen! Es bleibt Blindheit und Torheit, so lange du irgendwie auf das schaust, was du gelassen hast. Hast du aber dich selbst gelassen, so hast du wirklich losgelassen.

Meister Eckhart, Dominikaner, (1260–1328)
Predigt 7 und Predigt 31

Erst wenn wir die Dinge dieser Welt nicht um
ihrer selbst willen begehren, sehen wir sie,
wie sie wirklich sind. Wir erkennen auf einmal
ihren Wert, ihren Sinn; wir können sie würdigen
wie nie zuvor. Sobald wir von ihnen frei sind,
erfreuen sie uns. Sobald wir aufhören, auf sie
allein zu bauen, dienen sie uns.

Thomas Merton , Trappist, (1915–1968),
Keiner ist eine Insel II 1

So wie auf einem viel begangenen Weg
nichts Grünes wächst, selbst wenn man dort
Samen ausstreut, weil der Boden mit Füßen
getreten wird, so ist es auch mit uns: Ziehe
dich aus allen Angelegenheiten zurück, und
du siehst Dinge wachsen, von denen du nicht
wusstest, dass sie in dir waren, weil du sie
mit Füßen tratst.

Sprüche der Wüstenväter II 33

Schließ die Tür ab und erhebe deinen Geist
über alles. Dann verfolge die Atemluft.
Erforsche mit deinem Geist das Innere, um
den Ort des Herzens zu finden, wo alle Kräfte
der Seele beheimatet sind.

Symeon der Neue Theologe (949–1022)

Ein Mönch litt so unter innerer Unruhe, dass er das Kloster verlassen wollte. Sein Abt sagte ihm: „Geh, setzt dich in deine Zelle, betrachte deinen Körper als Gefangenen der Mauern und gehe nicht heraus; lass deine Gedanken gehen, wohin sie wollen, aber lass deinen Körper nicht aus der Zelle heraus."

Sprüche der Wüstenväter VII 46

Drei Freunde wurden Mönche. Der erste wollte in Streitfällen vermitteln, der zweite die Kranken besuchen und der dritte ging in die Einsamkeit der Wüste. Doch der erste konnte trotz seiner Mühe um die Kämpfe der Menschen sich nicht um alle kümmern. So wurde er mutlos und ging zu dem, der sich um die Kranken kümmerte. Er fand ihn ebenfalls traurig, weil er seine Aufgabe nicht vollkommen erfüllen konnte. So beschlossen die beiden, zu dem Einsiedler zu gehen, ihm ihre Not zu schildern und ihn zu fragen, was er fertig bringe. Nach einem kurzen Schweigen schüttete er Wasser in eine Schale und sagte: „Seht ins Wasser." Es war bewegt. Wenig später sagte er wieder zu ihnen: „Seht, wie sich das Wasser jetzt beruhigt hat." Und als die das Wasser ansahen, sahen sie ihr Gesicht wie in einem Spiegel. Er sagte ihnen: „So ist der, der mitten unter den Menschen lebt: Durch das bewegte Leben sieht er sich selbst nicht. Wenn er jedoch ruhig wird, und besonders in der Wüste, sieht er sich selbst."

nach: Sprüche der Wüstenväter II 29

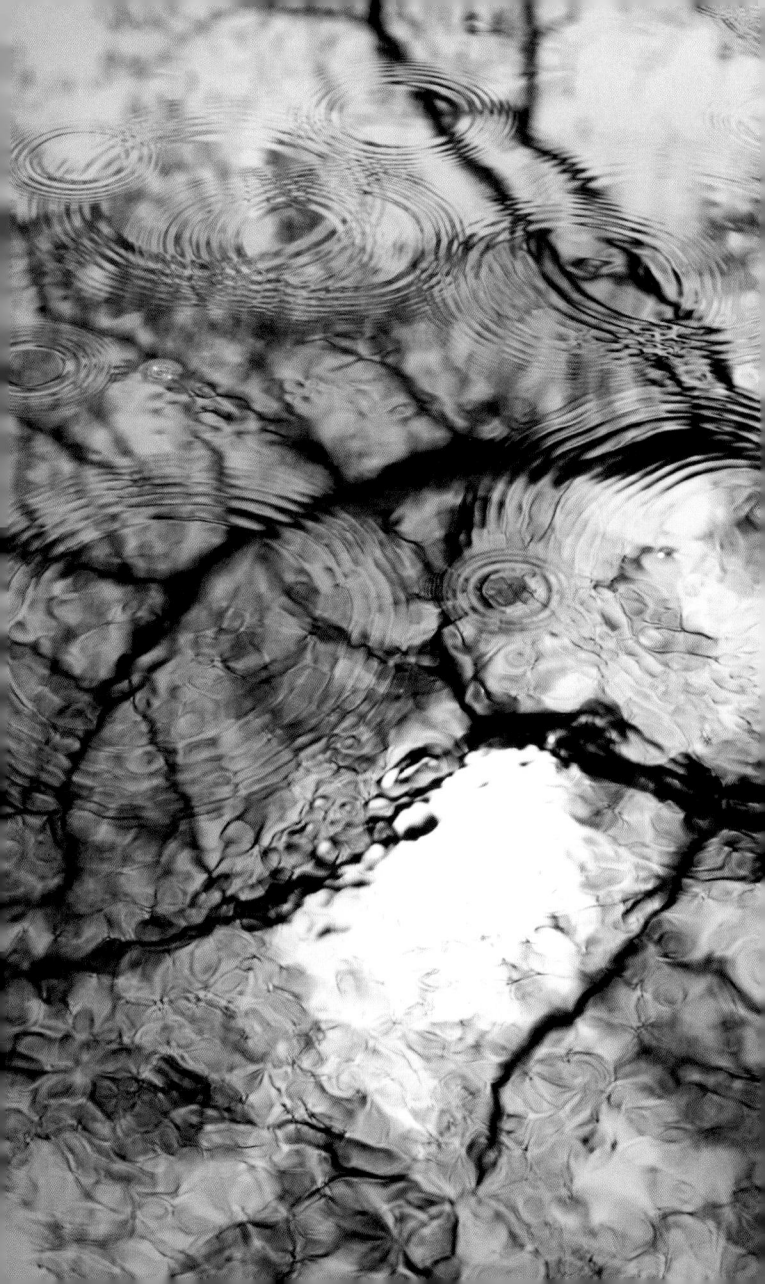

Ein Bruder fragte Abba Pistamon: Wenn ich auf andere Art bekommen kann, was ich brauche, soll ich die Handarbeit aufgeben? Der Alte antwortete: „Was Du auch tust, gib deine Handarbeit nicht auf. Tu was du kannst, und das mit Seelenruhe."

Sprüche der Wüstenväter VI 15

Der Müßiggang ist der Feind der Seele; und deshalb sollen sich die Brüder zu bestimmten Zeiten mit Handarbeit und wieder zu bestimmten Stunden mit göttlicher Lesung beschäftigen.

Benedikt von Nursia (480–547)

Und ich selbst arbeitete mit meinen Händen, und ich will arbeiten, und ich bestimme, dass alle anderen Brüder etwas Anständiges arbeiten. Die es nicht können, sollen es lernen, nicht wegen des Arbeitslohns, sondern wegen des guten Beispiels und um den Müßiggang zu vertreiben.

Testament des heiligen Franziskus

Vor der Erleuchtung hackte ich Holz und schöpfte Wasser– nach der Erleuchtung hackte ich Holz und schöpfte Wasser.

Zen-Weisheit

Unser Körper ist wie ein Kleidungsstück:
Wenn du dich um ihn kümmerst, erhält er
sich, wenn du ihn vernachlässigst, verdirbt er.

Sprüche der Wüstenväter V 45

Wenn meine Seele den Leib durch einen
Gewaltakt zum Schweigen bringt, wird der
Leib sich an der Seele rächen. Erbitterung
und schlechte Laune sind die Früchte einer
Askese, die nur den Leib züchtigt.

Thomas Merton, (1915–1968),
Trappist, Keiner ist eine Insel, VI 1

Das Pferd macht den Mist in dem Stall, und
obgleich der Mist Unsauberkeit und üblen
Geruch an sich hat, so zieht doch dasselbe
Pferd denselben Mist mit großer Mühe
auf das Feld; und daraus wächst der edle
schöne Weizen und der edle süße Wein, der
niemals wüchse, wäre der Mist nicht da.
Nun, der Mist, das sind deine eigenen
Mängel, die Du nicht beseitigen, nicht über-
winden noch ablegen kannst, die trage mit
Mühe und Fleiß auf den Acker des liebreichen
Willens Gottes in rechter Gelassenheit.
Streue deinen Mist auf dieses edle Feld, da-
raus sprießt ohne allen Zweifel in demütiger
Gelassenheit edle, wonnigliche Frucht auf.

Johannes Tauler (1300–1361), Dominikaner

Zwei Brüder hatten gesündigt und wollten Buße tun. Die Ältesten des Klosters trugen ihnen ein Jahr Buße in ihren Zellen auf. Jeder bekam die gleiche Menge Wasser und Brot. Nach einem Jahr kam der eine blass und abgezehrt heraus, doch dem anderen ging es gut, und er strahlte. Als sie den ersten fragten: „Mit welchen Gedanken hast du dich in deiner Zelle beschäftigt?", sagte er: „Ich dachte nach über das Böse, was ich getan hatte, und über die Strafe, die mich erwartet, und die Angst schnürte mir die Kehle zu." Dann fragten sie den anderen, und er antwortete: „Ich dankte Gott, dass er mich der Sünde und den ewigen Strafen entrissen und zu dieser engelsgleichen Lebensweise geführt hat. Und der Gedanke an Gott erfüllte mich mit Freude." Und die Ältesten sagten: „Gleich viel wert ist die Buße dieser beiden vor Gott."

Sprüche der Wüstenväter V 39

Der Mönch, der einer Versuchung nachgibt, ist wie ein Haus, das zusammenbricht. Wenn er seine Gedanken unter Kontrolle hält und das zusammengebrochene Haus wieder aufbauen will, findet er viel Baumaterial: die Fundamente, die Steine, die Trümmer; und er macht größere Fortschritte als der, der das Fundament weder gegraben noch gelegt hat und noch nichts von dem hat, was er braucht, außer der Hoffnung, dass sein Haus eines Tages fertig wird.

So ist es auch mit dem, der das Klosterleben geteilt hat. Wenn er der Versuchung nachgibt und dann zurückkehrt, hat er schon vieles zur Verfügung: die Meditation, den Gesang, die handwerkliche Arbeit, die das Fundament bilden: und während der Zeit, die ein Neuankömmling braucht, um das alles zu erlernen, erreicht der Mönch seinen vorigen Zustand.

Sprüche der Wüstenväter V 22

Lass ab vom Zorn, vergiss den Stolz,
überwinde alle Fesseln! Kein Leid befällt den
Mann, der nicht an Namen und Ansehen
hängt und der nichts sein Eigen nennt.

Buddha (6. Jhd. v. Chr.) im Dhammapada XVII 221

Armut ist das Kleid der Frommen.

Ibrahim al-Khawwas († 904), Sufi

Geld oder Münzen dürfen wir nicht für
nützlicher oder wertvoller halten als Steine.
... Und wenn wir irgendwo Geld finden sollten,
dann sollen wir es nicht mehr beachten
als den Staub, den wir mit unseren Füßen
treten.

Franziskus (1181–1226),
ältere Ordensregel (regula bullata) 8

Wer die Einsamkeit liebt, bleibt unverwundbar von den Pfeilen des Feindes; doch wer sich unter die Menge mischt, erhält von allen Seiten Schläge. Denn unser Tatendrang wird in der Einsamkeit gemäßigter, und unsere Gier gewöhnt sich daran, alles sanfter und vernunftgemäßer anzugehen. Jede Leidenschaft wird schwächer, wenn sie nicht erregt wird, und hört schließlich ganz auf, da sie ihre eigene Tätigkeit mit der Zeit vergisst; es bleiben ihr nur die Erinnerungen an die Dinge, wenn die leidenschaftliche Verfassung vergangen ist.

Sprüche der Wüstenväter II 23

Wenn das kontemplative Leben nur hinter Klostermauern oder im Schweigen der Wüste möglich wäre, dann müssten wir, um gerecht zu sein, jeder Familienmutter ein Kloster geben, und den Luxus einer kleinen Wüste dem Hilfsarbeiter, der im Lärm der Stadt leben muss, um hart sein Brot zu verdienen.

Charles de Foucault (1858–1916)

Viele von denen, die in den Bergen sind, taten dasselbe wie die Städter und gingen verloren. Und viele von denen, die in der Stadt sind, tun die Taten der Wüste und werden gerettet. Es ist nämlich möglich, unter vielen im Geiste einsam zu leben und in der Einsamkeit wie in der Menge gesinnt zu sein.

Sprüche der Wüstenväter II 27

Selbst wenn jemand in deiner Gegenwart auf irgendeine Art sündigt, verurteile ihn nicht, sondern halte dich für einen größeren Sünder als er. Denn du siehst den Fehler, doch die Buße siehst du nicht.

Sprüche der Wüstenväter IX 19

Epiphanes, der Bischof von Zypern, sandte einst nach Abba Hilarion und lud ihn ein. Beim Essen setzte man ihnen einen Vogel vor. Der Bischof legte dem Abt davon vor. Und der Alte sagte: „Verzeihung, ehrwürdiger Vater, doch seit ich die Kutte genommen habe, habe ich kein Fleisch mehr gegessen." Und der Bischof sagte: „Seitdem ich die Kutte genommen habe, habe ich darauf geachtet, dass niemand mit Groll gegen mich einschlafen muss und dass auch ich niemals mit Groll gegen jemanden zu Bett gehe." Da sagte der Alte: „Vergib mir, deine Lebensweise ist besser als meine."

Sprüche der Wüstenväter IV 15

„Er hat mich beschimpft und geschlagen,
niedergeworfen und beraubt."
Wer solche Gedanken festhält,
dessen Hass kommt nie zur Ruhe.

„Er hat mich beschimpft und geschlagen,
niedergeworfen und beraubt."
Wer solche Gedanken loslässt,
dessen Hass kommt bald zur Ruhe.

Noch nie hat Hass den Hass gestillt.
Nur Liebe und Güte stillen den Hass,
Das ist ein ewiges Gesetz.

Buddha (6. Jhd. v. Chr.) im Dhammapada I 3–5

Der ist sanftmütig, der seinen Nächsten zu
ertragen weiß und sich selbst.

Johannes vom Kreuz (1542–1591), Karmelit,
Dichos de luz y amor

Was sollte man lernen? Das ist nicht schwer zu sagen. Man sollte beständig nach Heiligkeit streben, kurz in der Rede sein, sanftmütig mit den Brüdern, seine Gaben fröhlich geben, die Regel ohne Zwang oder Einschränkung befolgen, mit dem Morgengrauen aufstehen, gehorsam vor Gottes Angesicht wandeln, nachsichtig den anderen vergeben, sich um den Kranken kümmern, nicht nachlässig im Gebet sein, auf ruhige Art fasten, Mitleid mit dem Nächsten zeigen, seinen Stolz unter Kontrolle halten, von Herzen aufrichtig sein, seine Begierden beherrschen, die eigene Natur unterwerfen und Geduld zeigen im Angesicht der Bedrängnis.

Colmán (7. Jahrhundert), irischer Mönch

Alle Dinge entstehen im Geist,
Sind aus unserem Geist gemacht.
Wenn einer redet mit unreinem Geist,
Wenn einer handelt mit unreinem Geist
Wird Leid ihm folgen,
Wie das Rad dem Fuß des Ochsen folgt,
der den Wagen zieht.

Alle Dinge entstehen im Geist
Sind von unserm Geiste gemacht.
Wenn einer redet mit reinem Geist,
wenn einer handelt mit reinem Geist,
wird Glück ihm folgen
Wie der Schatten dem Körper folgt
Und nicht weicht.

Buddha (6. Jhd. v. Chr.) im Dhammapada I 1-2

Was man für dich tut – lass es geschehen.
Was du selbst tun musst – gib Acht, dass du
es tust.

Ibrahim al-Khawwas († 904), Sufi

Was immer du in deinem Geist hast –
vergiss es;
Was immer du in deiner Hand hast –
gib es;
Was immer dein Schicksal sein mag –
halte stand!

Abu Sa'id (978–1049), persischer Sufi

Textnachweis:
S. 20,36: Thomas Merton: Keiner
ist eine Insel, Betrachtungen über
die Liebe,
© Patmos, Düsseldorf 2005 (1956)

Bildnachweis:
Umschlagbild: photocase/rowan
fotolia: S. 7 momesso
mauritius images: S. 4 Alamy,
9 Reiner Harscher, 10 Robert
Harding, 13 Catharina Lux, 15 Alamy,
18 Uwe Umstätter, 22 Alamy,
29 imagebroker / FB-Schulz,
34–35 Photononstop,
37 Robert Knöll, 39 Alamy,
60 Bridge, 63 imagebroker / TPG
photocase: S. 3 sajola, 17 rotrot-
schwarz, 21 kallejipp, 25 rowan,
26 Noetzel79, 33 ad Rian,
39 Saimen., 42–43 Flügelfrei,
45 Tinvo, 46 dtaeubert,
49 designer 111, 51 The_Imager,
53 mottchen, 55 skaisbon,
57 misterQM,

Für die Schwabenverlag AG ist
Nachhaltigkeit ein wichtiger
Maßstab ihres Handelns. Wir achten
daher auf den Einsatz umweltscho-
nender Ressourcen und Materialien.
Dieses Buch wurde auf FSC®-
zertifiziertem Papier gedruckt. FSC
(Forest Stewardship Council®) ist
eine nicht staatliche, gemeinnützige
Organisation, die sich für eine öko-
logische und sozial verantwortliche
Nutzung der Wälder unserer Erde
einsetzt.

Bibliografische Information der
Deutschen Nationalbibliothek
Die Deutsche Nationalbibliothek
verzeichnet diese Publikation in der
Deutschen Nationalbibliografie;
detaillierte bibliografische Daten
sind im Internet über
http://dnb.d-nb.de abrufbar.

© 2011 by Jan Thorbecke Verlag der
Schwabenverlag AG, Ostfildern
www.thorbecke.de
info@thorbecke.de

Gestaltung: Finken & Bumiller,
Stuttgart, Chandima Soysa
Druck: Offizin Andersen Nexö,
Zwenkau
Hergestellt in Deutschland
ISBN 978-3-7995-8073-1